W0329789

THiLO

Elsa und der Zauber der Eisblumen

Mildenberger

Bibliografische Information der Deutschen Nationalbibliothek:

Die Deutsche Nationalbibliothek verzeichnet diese Publikation
in der Deutschen Nationalbibliografie.
Detaillierte bibliografische Daten sind im Internet
über http://dnb.d-nb.de abrufbar.

FSC
www.fsc.org
MIX
Papier aus verantwortungsvollen Quellen
FSC® C114500

Konzeption und Covergestaltung:
Produktmacherei, Stefanie Hahn
Layout und Satz: rayhle designstudio

2019 für die Ausgabe mit farbigem Silbentrenner
Grafik: Mildenberger Verlag GmbH

Printed in Germany
ISBN 978-3-619-14421-1
www.mildenberger-verlag.de

Inhalt

Eine besondere Gabe

Das Königreich Arendelle ist
unglaublich schön.
Trotzdem haben die Königin
und der König große Sorgen:
Ihre Tochter Elsa besitzt
eine besondere Gabe.
Sie kann Eis und Schnee
erschaffen. Nur mit ihren Händen.

Ihre jüngere Tochter Anna
hat diese Kräfte nicht.
Anna beneidet Elsa ein bisschen.
Denn sie kann den Thronsaal
in eine Eisbahn verwandeln.
Einfach so.
Doch eines Tages trifft Elsa
ihre Schwester beim Spielen mit
der magischen Kraft.

Anna wird langsam zu Eis.
Sie bekommt eine weiße Strähne
im Haar.
„Nur die Trolle können uns helfen!“,
weiß der König.
Schnell reitet die Familie los.
Ein weiser Troll kann Anna heilen.
Er löscht auch ihre Erinnerung.
„Elsas Gabe ist etwas Besonderes.
Aber sie ist auch gefährlich“,
warnt er.
„Angst wird Elsas größter
Feind sein.“

Jahre der Einsamkeit

Zurück im Schloss lässt der König sofort alle Tore verschließen. Niemand soll von Elsas Magie erfahren.

Auch Elsa ist verunsichert. Mühsam versucht sie, ihre Kräfte zu beherrschen.

Aber wenn sie starke Gefühle hat,
geht es immer schief!
So hält Elsa sich sogar
von ihrer Schwester fern.
Sie hat einfach zu große Angst,
ihr wieder wehzutun.
Darunter leidet die kleine Anna
sehr.

Jeden Tag klopft sie an Elsas
Tür und fragt:
„Willst du einen Schneemann
bauen?"
Doch Elsa weicht ihr aus.
Einige Jahre später kommt es
zu einem schlimmen Ereignis.
Der König und die Königin
verunglücken auf dem Meer.
Elsa und Anna sind sehr traurig.

Elsa, die Königin

Als Elsa alt genug ist, wird sie
zur Königin gekrönt.
An diesem Tag werden die Tore
zum ersten Mal wieder geöffnet.
Elsa macht sich große Sorgen.

Was ist, wenn sie ihre Kräfte
nicht beherrschen kann?
Anna aber freut sich,
endlich wieder Menschen
zu sehen.
Sie genießt die Feier und
lernt jemanden kennen.

Auf dem Ball tanzt sie mit Prinz
Hans von den Südlichen Inseln.
Für Anna ist es Liebe auf den
ersten Blick.
Also verloben sich Anna und Hans.
Damit ist Elsa gar nicht
einverstanden.
„Du kannst ihn nicht heiraten“,
schimpft sie.

„Du hast ihn doch eben erst getroffen!"

Elsa wird so wütend, dass sie versehentlich ihre magischen Kräfte einsetzt.

Sofort ist der ganze Ballsaal voller Eis und Schnee.

Nun kennen alle ihr Geheimnis.

Geschockt flieht Elsa.

Das gefrorene Königreich

Elsa läuft in die Berge.
Dabei wird alles zu Eis,
was sie berührt.
Ganz Arendelle ist von einer
Eisschicht bedeckt.
Nur Elsa kann das Königreich
wieder auftauen, denkt Anna.

Also lässt sie Prinz Hans zurück und sucht ihre Schwester. Elsa ist längst in den Bergen. Weil sie keine Angst mehr haben muss, benutzt sie ihre Kräfte. So erweckt sie Olaf, den Schneemann, zum Leben. Sie zaubert sich einen eigenen Eispalast.

Für Anna ist die Reise durch die Kälte schwierig.
In einem kleinen Laden sucht sie Unterschlupf.
Dort trifft sie Kristoff, den Eislieferanten. Und sein Rentier Sven. Sven liebt Karotten!

Winterwunderwelt

Anna muss in die Berge!
Sie bittet Kristoff um Hilfe.
Natürlich will er Anna begleiten.
Schnell holt er sein
Rentier Sven.
Und los geht's!

Unterwegs erzählt Anna ihm
von Elsa und von Hans.
Bald schon erreichen sie eine
magische Winterwelt.
Elsa hat sie erschaffen.
Anna ist begeistert.
Sie wusste gar nicht, dass der
Winter so schön sein kann!
„Aber er ist so weiß!“,
sagt da eine Stimme.
Wer war das?

Da taucht ein sprechender
Schneemann auf.
„Hallo, neue Freunde, ich bin Olaf.
Und ich liebe Umarmungen.“
Anna erfährt, dass Elsa Olaf
erschaffen hat.
„Bring mich zu ihr!“,
bittet sie Olaf.
Und Olaf hilft nur zu gern.

Im Eispalast

Etwas später sind
die Freunde im Eispalast.
Anna staunt.
So schön ist hier alles!
Elsa freut sich, Anna zu sehen.
Aber sie bittet Anna, umzukehren.
Sie hat Angst um sie.
Anna erklärt ihr, dass ganz
Arendelle zugefroren ist.

Nur Elsa kann den Sommer
zurückbringen.
Jetzt kehrt
die große
Angst in
Elsa zurück.
„Ich kann
nicht! Ich weiß
nicht, wie!“,
ruft sie wütend
und verzweifelt.

Nun hat Elsa ihre Magie nicht
mehr unter Kontrolle.
Mit einem Eisstrahl trifft sie Anna.
Genau ins Herz.
Anna fällt zu Boden.
Kristoff ahnt Schlimmes.

Er will Anna überreden zu gehen.
Aber sie weigert sich.
„Nur mit meiner Schwester!“,
widerspricht sie.
Da erschafft Elsa
ein riesiges Schneemonster.
Das Monster jagt Kristoff, Olaf und
Anna aus dem Eispalast.

Bei den Trollen

Die Freunde fliehen vor dem
Eismonster aus den Bergen.
Ihre Flucht gelingt.
Aber Kristoff sorgt sich um Anna.
Ihre Haare werden ganz weiß.
Kristoff gefällt das gar nicht.
„Das ist, weil Elsa dich
mit ihrem Blitz getroffen hat“,
vermutet er.

„Ich weiß, wer dir helfen kann.“
Wenig später treffen sie die Trolle.
Kristoff wird fröhlich begrüßt.
Und auch Anna mögen sie sofort.
Sie spüren tiefe Liebe zwischen
den beiden.
„Liebe kann alles heilen“,
sagt der Obertroll.

Dann bemerkt er,
was mit Anna passiert ist.
Er schaut auf ihre Haare.
„Sie hat noch einen Tag“,
murmelt er besorgt.
„Dann wird Anna ganz
zu Eis werden.
Nur wahre Liebe kann sie heilen.“

Elsa ist gefangen

Wahre Liebe?
Kristoff denkt sofort an Prinz Hans.
Ein Kuss von ihrem Verlobten
sollte Anna heilen, oder?
Also machen sich die Freunde auf
den Weg zurück nach Hause.
Doch Hans ist nicht mehr
in Arendelle.
Mit seinen
Soldaten
hat er
sich in
die Berge
aufgemacht.
Und er findet Elsa.

Sie stürmen den Eispalast.
Elsa ist aufgeregt.
Sie zaubert eine dicke Mauer
aus Eis.
Durch diese können die Pfeile
der Soldaten nicht hindurch.
„Sei nicht so ein Monster!“,
brüllt Prinz Hans.

Elsa wird traurig.
Ist sie wirklich ein Monster?
Sofort lässt sie ihre Hände sinken.
Ein Pfeil trifft den Kronleuchter.
Der fällt herunter
und trifft Elsa am Kopf.
Sie wird ohnmächtig.

Als sie wieder zu sich kommt,
ist sie gefesselt.
In einer Zelle im Schloss.
So kann sie ihre Kräfte nicht
einsetzen.
Hans freut sich.

Verzweifelte Rückkehr

Kristoff ist verzweifelt.
Anna wird immer schwächer.
Er nimmt sie auf den Arm.
Auf dem Rücken von Sven
durchqueren sie den Schnee.
Zurück im Schloss wird Anna
in die Bibliothek gebracht.
Dort wartet schon Prinz Hans.

Kristoff merkt, wie wichtig
Anna für ihn selbst geworden ist.
Doch ihre große Liebe
ist ja Hans.
„Nur ein Akt der wahren
Liebe kann mich retten“,
erklärt Anna ihrem Hans
und schaut ihn an.
Die Antwort von Hans
kommt völlig unerwartet.
„Wenn dich nur jemand
lieben würde“,
sagt er eiskalt.
„Ich habe nämlich nur so
getan. Durch die Heirat mit
dir wollte ich König von
Arendelle werden.“

Nun ist er sicher, auf andere
Weise König zu werden.
Er will Elsa vernichten.
Anna ist geschockt.
Sie sinkt zu Boden und
weint bitterlich.
Anna hat das Gefühl,
ihre Schwester verraten zu haben.
Hans sperrt sie herzlos in
der Bibliothek ein.
Anna ist ihm egal.

Lauter Lügen

Hans verbreitet eine
gemeine Lüge.
„Elsa hat Anna getötet“,
verkündet er im Schloss.
„Ihre magischen Kräfte
sind schuld!“
Dann lügt er weiter.

„Aber vor ihrem Tod hat Anna
mir noch ihr Heiratsversprechen
gegeben“, sagt er.
„Damit bin ich nun König
von Arendelle!“
Die wahre Königin Elsa
verurteilt er zum Tode.
Kristoff ist da längst auf dem
Weg in die Berge.
Sven aber weigert

sich, weiterzulaufen.
Das Rentier weiß,
wer Annas wahre Liebe ist:
Kristoff!
Also eilt Kristoff zurück.
Er muss Anna retten!
Zum Glück kümmert sich Olaf
bereits um Anna.
Er hat sich in die Bibliothek
geschlichen.

Anna friert.
Der Schneemann zündet
ein Feuer im Kamin an.
„Aber dann schmilzt du doch“,
stammelt Anna kraftlos.

Olaf seufzt tief.
„Für richtige Freunde schmelze
ich gern!“, antwortet er.
Anna ist froh, einen so guten
Freund zu haben.

Annas Heldentat

Annas Kräfte schwinden
mehr und mehr.
Aber als Olaf aus dem Fenster
schaut, sieht er Kristoff.
Der Eislieferant ist Annas
wahre Liebe!
Das spürt selbst der Schneemann.
Also hilft Olaf Anna zur Flucht.

Ihr bleibt nur wenig Zeit,
bis sie für immer zu Eis wird.
Auch Elsa weiß das.
Sie konnte sich befreien.
Doch sie merkt nicht, dass Prinz
Hans ihr auflauert.
Schon hat er sein Schwert
erhoben.
Damit will er Elsa töten.

Und dann König von Arendelle
werden!
Mit letzter Kraft wirft Anna
sich vor ihre Schwester.
Genau in diesem Moment
gefriert Anna zu Eis.
Das Schwert von Hans trifft sie.
Doch am Eis zerbricht
es in Stücke.

Der Sommer kehrt zurück

Elsa ist untröstlich.
Sie wirft die Arme um ihre
gefrorene Schwester.
„Oh, Anna!“,
schluchzt sie.
Da passiert das Wunder:
Anna taut wieder auf!

„Hast du dich für mich geopfert?“,
fragt Elsa tief gerührt.
Anna nickt.
„Ich liebe dich!“,
antwortet sie schwach.
Olaf faltet die Hände vor Glück.
„Das war ein Akt wahrer Liebe“,
erkennt er.
„Das hat Anna gerettet.“
Und Elsa erkennt:
Liebe bringt auch den Sommer
zurück ins Land.

Sie hebt
die Arme und
der Schnee taut.
Die Einwohner von
Arendelle jubeln.
Nur Olaf fühlt sich so
merkwürdig. Auch er schmilzt.
Sofort greift Elsa ein.
Sie zaubert eine Schneewolke
über Olaf. So ist der Schneemann
auch im Sommer sicher.

Als Hans sich wieder
einschmeicheln will,
gibt Anna ihm eine Ohrfeige.
Dann küsst sie Kristoff.
Seit diesem Tag sind die Tore
des Schlosses stets geöffnet.
Das Königreich von Arendelle
ist wieder ein Ort des Glücks!

Leichter lesen lernen mit der
Silbenmethode

Durch die Kennzeichnung der einzelnen Silben in Rot und Blau lernen Kinder leichter lesen. Das gelingt so:

- Die einzelnen Wörter werden in Buchstabengruppen aufgeteilt. Diese kleinen Gruppen sind leichter zu erfassen als das ganze Wort.
- Die Buchstabengruppen sind ganz besondere Einheiten: Sie zeigen die **Sprech-Silben** an, den Schlüssel, um ein Wort richtig lesen und verstehen zu können.

Zum Beispiel können bei dem Wort „Giraffe" auch die ersten drei Buchstaben „Gir" als Gruppe gelesen werden: Gir - af - fe. Das könnte dann der Name einer besonderen Affenart sein.

Mit den farbigen Silben dagegen werden sofort die richtigen Buchstabengruppen erkannt: **Giraffe**. Beim Lesen ergibt sich automatisch der richtige Sinn: Es ist das Tier mit dem langen Hals gemeint.

Dadurch lesen alle Leseanfänger leichter und besser – und auch die nicht so starken Leser können schneller Erfolge erzielen.

Die farbigen Silben helfen aber nicht nur beim Lesen, sondern auch bei der **Rechtschreibung**. Der Leseanfänger nimmt von Anfang an die Silbengliederung der Wörter wahr – und kann so die richtige Schreibweise ableiten.

Die original Mildenberger Silbenmethode wird seit über einem Jahrzehnt an vielen Grundschulen unterrichtet und führt bei Kindern nachweislich zu schnellerem Leseerfolg.

Weitere Informationen zur Silbenmethode auf:
www.silbenmethode.de

www.mildenberger-verlag.de